Michael Hollenbach und Zeljko Stojadinovic

Bibliografische Information der Deutschen Nationalbibliothek:
Die Deutsche Nationalbibliothek verzeichnet diese Publikation
in der Deutschen Nationalbibliografie; detaillierte bibliografische
Daten sind im Internet über http://dnb.dnb.de abrufbar.

© 2017 Michael Hollenbach und Zeljko Stojadinovic
Herstellung und Verlag:
BoD – Books on Demand, Norderstedt
1. Auflage, München - August 2017
2. Auflage, München - Januar 2018

ISBN: 978-3-744-871983

Michael Hollenbach und Zeljko Stojadinovic

SOZIALER UNFRIEDE

Michael Hollenbach und Zeljko Stojadinovic

SOZIALER UNFRIEDE

Empört euch und tut was!

Inhaltsverzeichnis

Vorwort

Wir leben in einer Zeit der extremen globalen Instabilität und Ungewissheit. Die weltweiten Probleme wie Bürgerkriege, Terrorismus, Versorgungsengpässe, Klimawandel und Flüchtlingskrise erfordern ein Umdenken und Handeln auf allen Ebenen der globalen Gesellschaft, von Staaten, Staatengemeinschaften und Unternehmen. Aber auch von jedem einzelnen von uns!

Deutschland, als eines der weltweit am besten entwickelten Länder - sowohl wirtschaftlich als auch gesellschaftspolitisch – erweist sich bisher als resistent und robust. Trotzdem gibt es auch hier besorgniserregende Entwicklungen, insbesondere:

- die Verbreitung der sozialen Ungerechtigkeit und Unzufriedenheit
- die Gefährdung der demokratischen Stabilität und der Freiheit

Warum ist dies so?

Mit diesem Essay versuchen wir die Frage zu beantworten, warum und wie das gegenwärtige wirtschaftliche und gesellschaftliche Wertesystem verändert werden muss. Der Titel ist gewählt in der Anlehnung an den Bestseller „Empört euch!"[1] von Stéphane Hessel. Wir sind der Meinung, dass nach dessen Aufruf jetzt höchste Zeit für „Tut was!" gekommen ist. Bei unserem Essay handelt es sich um eine pragmatische Handlungsaufforderung zur Erreichung eines nachhaltigen sozialen Friedens.

---

[1] Stéphane Hessel, Empört Euch!, Ullstein, Berlin 2010

Dieser Essay entstand aus vielen protokollierten Gesprächen zwischen zwei Freunden:

Zeljko Stojadinovic und Michael Hollenbach haben über ein Jahrzehnt in einer Manager-Mitarbeiter-Beziehung bei IBM gearbeitet und sich nach dieser formellen Beziehung angefreundet. Im Laufe der Zeit liefen viele ihrer Überlegungen immer wieder auf dieselben Fragen hinaus. Wie können wir auf Basis unserer Lebenserfahrungen mit verständlichen Anregungen zu einem besseren, sozialeren Miteinander beitragen? Wie kann unser Beitrag zu mehr sozialer Zufriedenheit führen? Ihre Antworten finden Sie in diesem Essay:

Im Kapitel 1 - Soziale Unzufriedenheit beschreiben wir den Ist-Zustand des „Finanzkapitalismus" und erläutern die Ursachen für die soziale Ungerechtigkeit und Unzufriedenheit. Wir diskutieren die notwendigen Veränderungen, auf die wir in den anschließenden Kapiteln näher eingehen werden.

Im Kapitel 2 - Eindimensionale und holistische Ziele definieren wir die Basisvoraussetzungen für die generelle Verbesserung des Ist-Zustandes. Erforderlich ist der Wandel grundlegender Rahmenbedingungen für berufliche und private Zielvorgaben. Anstelle von den auf das Materielle fokussierten, eindimensionalen Zielen benötigen wir ganzheitliche, *mehrdimensionale Ziele* für ein vorbildliches Handeln zur Sicherung des Gemeinwohls und zur nachhaltigen Verbesserung der Umweltfreundlichkeit. Für das berufliche Leben heißt das, dass neue kreative Zielsysteme nach dem Prinzip „Stakeholder-Value" - dem Gegenstück zu „Shareholder-Value"! - zu Gunsten des Gemeinwohls eingeführt und umgesetzt werden müssen. Für das Privatleben heißt das, dass wir ein Wertesystem anstreben müssen, das weniger den materiellen Wohlstand in den Vordergrund stellt und dafür konsequent ein sozial- und umweltfreundliches, nachhaltiges Handeln ermöglichen und hervorheben soll.

Im Kapitel 3 - „Tut was!" finden Sie unseren Aufruf zur Erreichung einer sozial zufriedenen Gesellschaft. Wir beantworten die Schlüsselfrage: <u>Wer</u> sorgt für die Verwirklichung dieser Vision? Und <u>wie</u> kann das passieren? „Bottom-up" (von unten nach oben) und/oder „Top-down" (von oben nach unten)?

Im Kapitel 4 - Sozialer Friede - eine Zukunftsvision erweitern wir unsere Ansätze für die Verwirklichung einer nachhaltigen sozialen Zufriedenheit. Um eine Wertesystemänderung herbeizuführen, reicht es nicht mehr, nur Apelle zu verbreiten (was durch viele Sachbücher und andere Medien bereits geschieht). Vielmehr benötigen wir dringend Führungspersonen und Organisationen, die - unter Berücksichtigung von regeldefinierenden Leitplanken - vorbildlich planen und handeln. Hierzu darf nicht gelten: „der Klügere gibt nach". Der Klügere muss als ultimatives Vorbild die neuen Wertekonzepte bestimmen und diese selbst überzeugend vorleben, damit sich der Rücksichtslosere nicht stets durchsetzen kann.

Wir bedanken uns!

Bei unseren Freunden und Bekannten, die bereit waren, sich mit uns auf eine Diskussion einzulassen über das eine oder andere soziale Thema. Die daraus mitgenommenen Meinungen und Erkenntnisse waren uns sehr hilfreich bei der Entwicklung unseres Buches und der Schärfung unserer Sicht auf die Dinge.

Bei unseren Ehefrauen dafür, dass sie die Aufgabe als Testleser übernahmen, und uns mit ihrer wertvollen Kritik halfen, einen - wie wir hoffen - gut lesbaren und verständlichen Text zu gestalten.

Im Besonderen auch bei unserem Lektor Michael Molin. Seine kompetenten Korrekturen und Verbesserungsvorschläge unterstützten uns sehr, unseren Essay professionell fertigzustellen.

1. Soziale Unzufriedenheit

Unzufriedenheit im Berufsleben

Werfen wir einen Blick auf die aktuelle Gemütslage der Deutschen: hierzulande ist jeder zweite Mensch mit seiner beruflichen Situation unzufrieden. Das hat die Manpower Group Deutschland im Rahmen der Studie „Jobzufriedenheit 2016" festgestellt und damit ähnliche Zahlen aus den Vorjahren bestätigt. Die Umfrage basiert auf der Online-Befragung von 1.015 Deutschen ab 18 Jahren und wurde laut eigener Aussagen von Manpower bevölkerungs-repräsentativ hochgerechnet.

Jeder Zweite ist mit seinem Job unzufrieden!

Erschreckend, oder? Dazu kommt, dass sich 2016 gegenüber dem Jahr 2014 in fast allen Bewertungen der Marktforscher eine gerin-gere Zufriedenheit zeigt, von Arbeitszeiten und Förderungsmög-lichkeiten bis zur Vereinbarkeit von Beruf und Familie. Die Nega-tivtendenz ist klar zu erkennen. Und weiter: 44% der deutschen Angestellten würden ihren gegenwärtigen Job aus Unzufriedenheit aufgeben oder wechseln. Auch wer Zahlenparametern und Pro-zentpunkten skeptisch gegenübersteht, kann nicht leugnen: In Deutschland herrscht tendenzielle Unzufriedenheit - und das Zu-friedenheitsbarometer zeigt auf abwärts.

Hochgerechnet auf alle sozialversicherungspflichtigen Beschäftig-ten bedeutet das: wir haben in Deutschland 15 Millionen Men-schen, die mit ihrem Job unzufrieden sind! Diese Menschen ver-bringen jeden Tag im Schnitt acht Stunden ihres Lebens in einem Zustand, in dem sie sich nach mehr Anerkennung und Wertschätzung sehnen, von höherer Bezahlung träumen, nach mehr Abwechslung suchen und gerne einen besseren Chef hätten. Viele fühlen sich überfordert und überlastet, weil sie zu viel in zu kurzer Zeit erledigen müssen.

Ist es da verwunderlich, wenn berichtet wird, dass bei jungen Erwachsenen seit einigen Jahren Kopfschmerzen auf dem Vormarsch sind? In der Altersgruppe der 18- bis 27-jährigen hat sich die Zahl der Kopfschmerzpatienten in den letzten 3 Jahren um 40% erhöht[2]. Barmer-Vorstandschef Christoph Straub sieht in den Zahlen einen Hinweis darauf, „dass der Druck auf die jungen Menschen in den vergangenen Jahren enorm zugenommen hat. Es gibt einen anhaltenden Trend in Richtung psychische Belastungen".

Die Folgen kann man im Alltag am sozialen Verhalten des Einzelnen ablesen. Täuscht der Eindruck oder waren die Menschen vor längerer Zeit noch deutlich höflicher und zuvorkommender als heute? Wir glauben schon. Und wir glauben auch: hier spielt der Zeitdruck und die psychische Belastung der Menschen aufgrund ihrer Unzufriedenheit eine maßgebliche Rolle: es mangelt dadurch an Zeit und Aufmerksamkeit für unsere Mitmenschen. Dies wiederum hat zur Folge, dass wir selbst auch diese Gesten nicht mehr erfahren und somit den Eindruck gewinnen: das Leben in unserer Gesellschaft wird rauer.

---

[2] Thomas Öchsner, „In der Pillenfalle", Süddeutsche Zeitung vom 21.2.2017

Arm und Reich

2016 sind einige Berichte[3, 4] erschienen, denen man entnehmen kann, dass in Europa immer mehr Menschen von Armut bedroht sind, und das, obwohl sie einen Vollzeitjob haben. „Inzwischen sind 7,8 Prozent der Vollzeitbeschäftigten von Armut bedroht. Vor zwei Jahren waren es noch 7,2 Prozent. Es ist eine paradoxe Situation, denn parallel dazu geht es mit dem Arbeitsmarkt bergauf. Dieser Aufschwung kommt aber beileibe nicht überall in unserer Gesellschaft an. In einer neuen Rangliste zur sozialen Gerechtigkeit liegt Deutschland im EU-Vergleich zwar auf einem respektablen siebten Platz, nach wie vor ist aber auch hierzulande das Armutsrisiko zu hoch. Es bringt nichts, die Unzufriedenen abzutun, wie es auch in Deutschland häufig und gerne, ja fast immer geschieht. Das beginnt mit der Verniedlichung ihrer materiellen Sorgen. Viele Bundesbürger haben unsichere Jobs und weniger im Geldbeutel als vor der Jahrhundertwende. Nach Jahren des Booms besitzt die halbe Bevölkerung nur ein paar Tausend Euro Vermögen - während andere immer reicher werden. Ebenso wenig bringt es, Abstiegsängste zu verharmlosen. Auch in Deutschland schrumpft die Mittelschicht. Es ist schwieriger, in der Mitte aufzusteigen, seit der Nachkriegszeit das erklärte Ziel der Massen, die ein Reihenhaus im Grünen wollen und eine bessere Zukunft ihrer Kinder."

Dagegen lautet heute unser Credo, für unsere Kinder alles zu tun, damit es ihnen wenigstens so gut geht wie uns Eltern. Die Zeiten haben sich geändert. Oder richtiger, wir haben die Zeiten verändert oder es zugelassen, dass unsoziale Eliten Veränderungen zu

---

[3] Ulrike Heidenreich, „Arm trotz Vollzeitjob", Süddeutsche Zeitung vom 15.11.2016
[4] Alexander Hagelüken, „Mehr für die Mehrheit", Süddeutsche Zeitung vom 16.11.2016

ihren Gunsten und zu Ungunsten des Gemeinwohls vornehmen konnten.

Im März 2017 berichtete einer der Wirtschaftsweisen, Prof. Peter Bofinger[5], dass die Gewinne in Deutschland in den letzten Jahren ungleich angekommen seien. Obwohl die gesamte Wirtschaft sehr gut dastehe, hätten die unteren 40% der Beschäftigten seit 1991 (!) real keinen Wohlstandszuwachs erfahren und die unteren 10% sogar Einkommensverluste erlitten.

In seinem Bestseller-Buch „Rettet den Kapitalismus" schreibt Prof. Robert B. Reich: „Wer über Kapital verfügt, streicht nicht selten immense Gewinne ein, finanzielle Eliten gewinnen an Boden, es kommt zu einer hohen Konzentration von wirtschaftlicher und politischer Macht. Ungeachtet des Potentials der neuen Technologien, für einen Wohlstand auf breiter Basis zu sorgen, versagen die vorherrschenden wirtschaftlichen und politischen Systeme, weil die politische Macht sich zunehmend an der Spitze konzentriert. Verständlich, dass eine Menge Leute sich des Gefühls nicht erwehren können, hier seien gezinkte Karten im Spiel. Es sind letztendlich diese Ängste und Frustrationen, die die Reformen hin zu einer breiteren Verteilung des Wohlstandes anschieben und befeuern."[6]

Wie konnte es so weit kommen?

Wir müssen uns fragen: Wie konnte es in einem materiell so wohlhabenden Land wie Deutschland zu derartigen Verwerfungen kommen? Wie ist es möglich, dass in einem sicheren, seit Jahrzehn-

---

[5] TV: Sendung „Maybritt Illner", ZDF am 09.03.2017
[6] Robert B. Reich, „Rettet den Kapitalismus", Campus Verlag, Frankfurt 2016

ten mit Frieden gesegneten und wirtschaftlich höchst erfolgreichen Land so viele Menschen mit ihrem Arbeitsplatz, an dem sie einen Großteil Ihres Lebens verbringen, unzufrieden sind?

Worin liegen die wahren Gründe?

Eine der Wurzeln des gegenwärtigen Missstandes liegt unseres Erachtens in einer systempolitischen Unzulänglichkeit in der Gestaltung unserer Marktwirtschaft. Diese hat vor gut 3 Jahrzehnten den Finanzkapitalismus hervorgebracht, der sich still, jedoch stetig von einer *sozialen* Marktwirtschaft verabschiedet hat. Die Kritik am damals geborenen Finanzkapitalismus mit seiner Gewinn- und Unternehmenswertemaximierung ist heute deutlich zu hören und zu lesen[7, 8, 9, 10, 11]. Immer mehr Menschen spüren, dass am System der Profitmaximierung etwas faul ist. Es knirscht im Getriebe des Werte- und Zielsystems, obwohl es im Großen und Ganzen immer noch mit dem Begriff „Soziale Marktwirtschaft" umschrieben wird. Aber wo ist die soziale Komponente geblieben? Unser Wirtschaftssystem hat sich in ein neoliberales, ungeregeltes Marktsystem verwandelt. Ein Marktsystem, das sich in den vergangenen 35 Jahren immer stärker an einem Zielsystemansatz orientierte, der heute im Kreuzfeuer selbst seiner einstigen Verfechter steht: dem „Shareholder-Value-Prinzip". Der Shareholder-Value wurde ganzen Generationen als ultimatives Ziel des wirtschaftlichen Handelns vorgegeben und als die einzig wahre Prämisse verkauft.

---

[7] Robert B. Reich, „Rettet den Kapitalismus", Campus, Frankfurt 2016
[8] Joseph Stiglitz, „Reich und Arm, Pantheon, Hamburg 2015
[9] Sahra Wagenknecht, „Reichtum ohne Gier", Campus, Frankfurt 2016
[10] Branko Milanovic, „Die ungleiche Welt", Suhrkamp, Berlin 2016
[11] Thomas Piketty, „Das Kapital im 21. Jahrhundert", C. H. Beck, München 2104

Wer hindert uns nun, unsere Fehler zu korrigieren?

Wenige, aber sehr einflussreiche Menschen! Menschen, die sich immer wieder über ethische Regeln hinwegsetzen. Sie beinträchtigen mit ihrem Handeln und Tun die Allgemeinheit in ihrer Freiheit und Selbstbestimmung und schaden ihr damit. Zunächst in ihrer direkten Umgebung und zunehmend auf der ganzen Welt. Je einflussreicher die Position, desto größer die Auswirkungen ihres Tuns. Das Übel fängt tatsächlich bei den heute vielzitierten „egoistischen Eliten" an. Sie verfügen über charakterliche Eigenschaften, die sie befähigen, sich ohne Skrupel über andere Menschen und das Gemeinwohl hinwegzusetzen und ausschließlich ihre persönlichen Interessen zu verfolgen. Wie John Lennon überspitzt formulierte:

> *"Unsere Gesellschaft wird von Wahnsinnigen geführt, die wahnsinnige Ziele verfolgen."*

Doch warum ist dies so? Die Antwort fällt leicht: Weil die gegenwärtigen Regelwerke es zulassen und fördern! Und das überall auf der Welt.

Dass sich das Ziel der Profitmaximierung nicht positiv auf die Lebensqualität des Menschen auswirkt, sondern ihn schlichtweg zum konsumbesessenen „Homo Oeconomicus" hat verkommen lassen, bestätigen uns zahlreiche Studien und Umfragen.

> *Wirtschaftliches Denken und Handeln darf künftig nicht mehr über allem stehen!*

2. Eindimensionale und holistische Ziele

Shareholder-Value

„Genau genommen ist Shareholder-Value die blödeste Idee der Welt."[12]
Jack Francis Welch, Ex-CEO von General Electric

Das sagt der Mann, der zwanzig Jahre lang der CEO eines der weltgrößten Mischkonzerne und ein glühender Verfechter des Shareholder-Value-Prinzips war. Er lenkte die Geschicke von Tausenden von Menschen und galt als einer der erfolgreichsten Umsetzer des von Alfred Rappaport entwickelten ökonomischen Konzepts, nach dem sich alle unternehmerischen Entscheidungen ausschließlich am Aktionärsnutzen auszurichten haben. Jack Francis Welch prägte mit seinen rigoros auf Marktwertmaximierung ausgerichteten Management- und Geschäftsmethoden den Begriff des Shareholder-Value wie kaum ein anderer und wandte sich inmitten der Finanzkrise 2010 strikt davon ab.

Man muss kein Wirtschaftswissenschaftler sein, um zu erkennen, dass das Zielsystem des Shareholder-Value-Prinzips wegen seiner Eindimensionalität ein Irrweg war. Jeder ökonomisch interessierte und medial aufgeschlossene Bürger in diesem Land kann überall Zeichen dafür ausmachen, dass das Prinzip Shareholder-Value ein systemisches Auslaufmodell ist.

---

[12] Jack Francis Welch in der Financial Times, zitiert von der Süddeutschen Zeitung am 17.5.2012

Wenn über den VW-Konzern, wie es im Oktober 2015 der Fall war, mit einem lauten Knall bekannt wird, dass er die Emissionswerte seiner dieselbetriebenen Fahrzeuge manipuliert hat, dann geht das nicht nur die Aktionäre, sondern jeden Bürger etwas an. Denn die Umwelt gehört uns allen, nicht nur der Industrie. Auch als Teilnehmer an der deutschen Wirtschaft sollte uns dieses Wirtschaftsgebaren alarmieren und zum Handeln treiben. Wir werden noch darauf zurückkommen.

Es geht uns alle etwas an, wie bei Volkswagen das Wirtschaftliche geregelt und überprüft wird. Was ist hier passiert? Zu viel Profitgier, zu wenig Kontrolle. Warum hat das Unternehmen diese Manipulationen zugelassen? Warum wurde kaum kontrolliert? Weil alle Konzernaktivitäten an dem einzigen Ziel gemessen wurden: der Profitmaximierung. Genau diese Zielsetzung bringt Menschen – und zwar unabhängig von ihrer Position in der Unternehmenshierarchie – dazu, unethisch und egoistisch zu handeln. Aus Gier wurden Abgaswerte gefälscht und eine manipulierende Software eingebaut. Aus Gier hat man eine gesundheitliche Gefährdung der Bevölkerung in Kauf genommen. Volkswagen hat der Umwelt, in der wir alle leben, geschadet! Wer sich das schönredet oder sagt, das gehe ihn nichts an, der möge sich an dieser Stelle fragen, ob er genauso denken würde, wenn er an einem Verkehrsknotenpunkt leben müsste. Das Unternehmen Volkswagen kam weder seinen gesetzlichen Vorgaben noch seiner eigenen Corporate Social Responsibility (CSR) nach. Produkte zu produzieren und zu verkaufen, die uns schaden, ist nicht nur sozial unverantwortlich, sondern auch kriminell.

Eine andere Art der „Umweltbelastung" erleben wir täglich in unserer digitalen Welt. Eine Sicherheitslücke folgt der anderen und immer gefährlichere Viren und Cyberattacken schaden unserer Infrastruktur und treffen uns sogar persönlich. Aus unserer Sicht, die sich auf eine langjährige Berufserfahrung in großen Computerunternehmen stützt, sehen wir nicht zuletzt in der Profitgier der Unternehmen den Kardinalsfehler, der unsere digitale Infrastruktur so verletzlich macht. Da wird seit Jahrzehnten an der falschen Stelle gespart! Man drängt mit unausgereiften Innovationen auf den Markt und gibt den Software-Ingenieuren zu wenig Zeit für eine qualitative und nachhaltige Entwicklung. Sicher auch aus Angst davor, dass die Konkurrenz schneller auf dem Markt sein könnte. Vor allem aber soll schnellstmöglich Umsatz generiert werden. Sobald ein Produkt einigermaßen verkaufsfähig ist, zieht man die Entwickler aus Gründen der Kosteneinsparung und der Erhöhung der Marge ab, anstatt ihnen die erforderliche Zeit für eine gründliche Stabilisierung und Fehlerbereinigung zu geben. Sicherheitslücken sind so vorprogrammiert.

Andererseits wäre es die Aufgabe des Staates, seine Bürger vor Internetkriminalität und Betrügern zu schützen. Wir fragen uns, warum das jeder Nutzer selbst tun muss. Warum man es Millionen von Laien überlässt, Schutzmaßnahmen für ihre Sicherheit zu treffen. Wie soll das gut gehen? Warum nimmt der Staat nicht die Hersteller in die Pflicht? Es ist nicht nachvollziehbar, dass dieses Thema von unseren Politikern nicht ernst genommen wird! Entsprechend trostlos war die Aussage eines ehemaligen Datenschutzbeauftragten[13], dem wir auf einem seiner Vorträge genau diese Frage stellten: Ob

---

[13] Vortrag: „Die Scoring-Gesellschaft" von Peter Schaar, ehem. Datenschutzbeauftragter in Berlin, am 25.10.16 im Gasteig, München

er glaube, dass uns Bürger der Staat irgendwann einmal vor
diesen Cyberangriffen beschützen würde? Seine Antwort war:
„Nein". Er glaube nach seiner Erfahrung nicht daran, dass die
Politik hierfür eintreten werde.

Warum fällt der einstige Wirtschaftsexperte Jack Francis Welch, dessen gesamtes Berufsleben auf der Maximierung des Marktwertes eines Unternehmens basierte, von seinem Glauben ab und macht eine totale Kehrtwende? Ein Mensch, der die Arbeit von tausenden Menschen knallhart einem einzigen Messwert unterordnete: dem Aktienkurs. Der den Aktionärsprofit über alles stellte. Was ist mit Welch passiert? Offensichtlich hat er als Mittsiebziger anlässlich der Finanzkrise wohl erkannt, dass der Finanzkapitalismus mit Shareholder-Value als Prinzip implodieren wird. Er korrigierte seine Meinung.

Dennoch hält man nach wie vor am Shareholder-Value fest. Das Prinzip konnte sich in den 1980er Jahren auch in Europa durchsetzen, weil viele Unternehmer und Volksökonomen dachten, der Staat greife zu sehr in die Wirtschaft ein. Die Marktwertmaximierung wurde durch die damaligen Repräsentanten des Finanzkapitalismus bzw. des Neoliberalismus aus den USA über England nach Europa importiert. Es war die Ära Reagans und Thatchers. Der Staat sollte sich nicht mehr als nötig einmischen, am besten gar nicht. So könne sich der Markt nach seinen eigenen Regeln frei und optimal entfalten. Das Versprechen lautete: Die so erzielte Profitmaximierung käme der gesamten Gesellschaft zugute.

Eindimensionale Ziele

Das Prinzip Shareholder-Value setzte sich auch in Deutschland durch und veränderte das gesamte Wertesystem im Sinne der Gesellschafter und Aktionäre. Die Zielvorgaben für Manager wurden immer stärker auf Gewinnmaximierung reduziert. Seither müssen die Zahlen nicht mehr nur zum Jahresabschluss geliefert werden, sondern quartalsweise und oft auch auf Monats- oder Wochenbasis. Immer schneller und ertragreicher müssen die Geschäftsergebnisse ausfallen.

Bald zeigten sich die unliebsamen Nebenwirkungen des Prinzips Shareholder-Value: Arg geschwächte Überlebensfähigkeit von Firmen, Einbußen bei Produktivität und Qualität durch gestresste und unzufriedene Mitarbeiter, Unverträglichkeiten mit den Bedürfnissen der Gesellschaft und der Umwelt. Plötzlich gab es allerorts Ranglisten. Jeder musste Stellung beziehen und sich verängstigt die Frage stellen: Wie kann ich meine immer höheren Ziele überhaupt erreichen? Als Mitarbeiter? Als Manager? Die eindimensionale Verfolgung des Shareholder-Value hat definitiv zu einer Störung des sozialen Friedens geführt.

Was aber verleitet grundsätzlich den Menschen in ökonomisch hochentwickelten Gesellschaften, ein Prinzip wie Shareholder-Value zu erfinden, es als Leitsatz zur Profitmaximierung zu etablieren und als Maxime einer Gesellschaft überzustülpen? Die Ursachen lassen sich anhand der Triebtheorie und der daraus resultierenden Motivationssysteme benennen. Der Begriff Triebtheorie fasst verschiedene Theorien aus unterschiedlichen wissenschaftlichen Disziplinen zusammen, die alle davon ausgehen, dass der Mensch überwiegend von Trieben, Instinkten und Grundbedürfnissen gesteuert wird. Maßgebliche Negativfaktoren sind nach unserer Auffassung dabei: Der zur Gier pervertierte Erwerbstrieb und die Geltungssucht.

Bereits im 19. Jahrhundert erkannte der heute so gut wie vergessene Sozialreformer und Wirtschaftswissenschaftler Gustav von Schmoller (1838-1917) ganz trefflich für seine Zukunft und unsere Gegenwart, dass ein enthemmter Erwerbstrieb „... die sozialen Beziehungen vergiftet, den Frieden in der Gesellschaft vernichtet und die erzeugte Gehässigkeit und sittliche Rohheit durch die entstehenden Kämpfe den vorhandenen Wohlstand untergraben und verschütten kann".[14]

Moral, Sitte und Recht haben nach Ansicht von Schmoller als Faktoren der wirtschaftlichen Entwicklung einen besonderen Stellenwert. Er ahnte nicht, dass es einmal möglich sein könnte, diese Faktoren messen und in Zahlen ausdrücken zu können. Die Zahlen zeigen aktuell eine zu 49% mit ihrer Arbeitssituation unzufriedene deutsche Bürgerschaft.

Genau dieser von Schmoller befürchtete enthemmte Erwerbstrieb war es, der am Ende des zwanzigsten Jahrhunderts von den wirtschaftspolitischen Reformen in den USA, den „Reaganomics", und in Großbritannien vom „Thatcherismus" extrem begünstigt wurde. Die Rücknahme von staatlichen Zuständigkeiten im sozialen Bereich und die Deregulierung des Kapitalverkehrs führten dazu, dass sich das Prinzip Shareholder-Value so erfolgreich durchsetzen konnte. Mit ihm hielt die Profitmaximierung als alles bestimmender Erfolgsfaktor in der kapitalistisch geprägten Wirtschaft Einzug. Wie gelangen wir nun zu einem mehrdimensionalen, sozialverträglichen Zielsystem? Wo können wir als Einzelner ansetzen, um ein neues Wertesystem mit aufzubauen? Gibt es dazu Handlungsempfehlungen?

---

[14] Schmollers Kapitalismuskritik, www.dermorgen.blogspot.de

Stakeholder-Value und holistische Ziele

Wie sähe ein Gegenmodell zum Shareholder-Value aus? Die Antwort lautet: „Stakeholder-Value" – ein Wertesystem-Prinzip, bei dem das Gemeinwohl im Vordergrund steht. Während der Shareholder nur Kapital in die Wirtschaft steckt, investiert der „Stakeholder" (übersetzt: mitwirkender, beteiligter und betroffener Mensch) sich mit seinem persönlichen Engagement und identifiziert sich mit der Sache! In den nach dem Shareholder-Prinzip geführten Unternehmen wird das Gemeinwohl kaum berücksichtigt. Die Folgen für Umwelt und Gesellschaft sind vorwiegend von nachteiliger Natur.

Unternehmen und Wirtschaftssysteme müssen zwangsläufig holistische (ganzheitliche, mehrdimensionale) Zielsetzungen entwickeln, wollen sie den Maßgaben des Stakeholder-Value-Prinzips gerecht werden. Jedes Unternehmen in Deutschland muss heute schon gesetzlichen Bestimmungen folgen: Umweltauflagen, Qualitätsstandards, Arbeitsschutzmaßnahmen, Meldepflichten, Steuerrichtlinien, Datenschutzrichtlinien, um nur einige zu nennen. Was dabei zu kurz kommt, ist die Corporate Social Responsibility, die unternehmerische Sozialverantwortung.

Wie kann das sein? Wir leben doch in einer sogenannten sozialen Marktwirtschaft. Impliziert nicht schon dieser Begriff, dass das Wirtschaften an einem eindeutig sozialen Grundgedanken ausgerichtet ist? Die Realität sieht anders aus: Der Beitrag zur „sozialen" Marktwirtschaft bleibt jedem Unternehmen in vielerlei Hinsicht selbst überlassen. Weil die Höhe dieses Beitrags mehr oder weniger freiwillig ist und nicht gesetzlich geregelt, gibt es einen riesigen Spielraum. Was passiert, wenn der „soziale und nachhaltige" Anteil als wirtschaftlicher Parameter in einer Marktwirtschaft zu einem guten Teil freiwillig bleibt?

Wenn der Mensch etwas freiwillig tun soll, tut er es nur, wenn es ihm am Herzen liegt und er einen Sinn oder einen Vorteil für sich darin sieht. In Deutschland ist kein Unternehmen per Definition zur Nachhaltigkeit verpflichtet und kann sich selbst ein beliebiges Regelwerk bzgl. „CRS" erstellen. Unternehmensführungen sind jedoch nicht verpflichtet, sich mit der Frage von Erich Fromm auseinanderzusetzen: „Haben oder Sein?"[15]. Sprich: nur die gesetzlichen Anforderungen erfüllen und sich nach dem Shareholder-Value-Prinzip auf das **„Haben"** konzentrieren? Oder doch lieber mehr **„Sein"**? Also freiwillig mehr für die Umwelt und das Gemeinwohl tun und Stakeholder-Value generieren? Es gibt zwar aktuell einen Trend zu mehr sozialer Verantwortung. Die Öffentlichkeit will tatsächlich gelebte Corporate Social Responsibility sehen, auch wenn das der Gesetzgeber nicht verlangt. Und viele Unternehmen reagieren bereits darauf. Aber das reicht uns nicht aus.

Wo gibt es Erklärungen? Der Mensch folgt dem Herdentrieb, heute Gruppendynamik genannt. Jede Gruppe folgt einem Anführer. Der folgt den Vorgaben seines nächsthöheren Anführers. Sind dessen Vorgaben sozialverantwortlicher, agiert auch der Anführer sozialverantwortlicher für seine Gruppe. Ein einfaches Beispiel: Bekommt ein Vorgesetzter neben den reinen Umsatzvorgaben auch die deutlich formulierte Maßgabe, dass er seine Mitarbeiter neben leistungsgerechter Bezahlung tunlichst auch wertzuschätzen hat und ihnen das Gefühl von Wichtigkeit geben muss, wird dieser

---

[15] Erich Fromm „Haben oder Sein", Deutscher Taschenbuchverlag, Stuttgart 1976

Vorgesetzte sich über kurz oder lang auf zufriedenere Mitarbeiter stützen können.

Von sozialverantwortlich geführten Unternehmen wissen wir, dass deren Mitarbeiter die gewonnene Zufriedenheit automatisch in das Privatleben hinein tragen und damit ihre Familien, Freunde und ihr soziales Umfeld positiv beeinflussen – und umgekehrt! Und somit am Ende auch die gesamte Gesellschaft erreichen.

Es gibt Beispiele in der deutschen Wirtschaftslandschaft, die das Stakeholder-Value-Prinzip schon seit Jahren vorleben. Im Gegensatz zu Aktiengesellschaften richten viele mittelständische Betriebe ihre Ziel- und Wertesysteme am Wohl der Mitarbeiter aus. Respekt und Verständnis für die Belegschaft prägen den Führungsstil. Schon die Bezeichnung der Mitarbeiter als „Kreativposten" - im Gegensatz zu „Personalkosten/Human Capital" - deutet an, dass der Mensch im Mittelpunkt des wirtschaftlichen Handelns steht. Die Unternehmensaktivitäten sind nicht länger einseitig renditefixiert, sondern berücksichtigen und wertschätzen auch Mensch und Umwelt.

Unabhängig davon, welche Position jeder Einzelne von uns hat: es ist Fakt, dass wir alle Einfluss nehmen können. Jeder Mensch kann für sich entscheiden, inwieweit und in welchem System er seine Arbeitsleistung einbringen möchte. Er kann sich entscheiden, nachdem er die Unternehmenskultur und das Zielsystem seines künftigen Arbeitgebers genau geprüft hat.

Es stellt sich die Frage: Will ich Teil einer Shareholder-Value-Gesellschaft sein? Oder nach dem Stakeholder-Value-Prinzip handeln? Will ich weiter eindimensionalen oder nun holistischen Zielen folgen?

Oder anders gefragt:

> *Soll nur Geld mein Leben bestimmen oder ist mir ein Leben im friedvolleren Einklang mit meinen Mitmenschen und der Umwelt wichtiger?*

3. Tut was!

Und jetzt sind Sie dran – als zukünftig oder aktiv Berufstätiger:

Als Jobsuchender

Stellen Sie sich bitte folgende Fragen:

- Was macht mich beruflich wirklich zufrieden? Das Geld? Die Macht? Die Anerkennung? Die Sinnhaftigkeit meines Tuns?
- Will ich in einem sozial nachhaltigen Unternehmen arbeiten, bei dem die Chancen höher stehen, meine persönliche Zufriedenheit zu sichern?
- Welche Entwicklungsmöglichkeiten strebe ich an, fachlich und/oder als potentielle Führungskraft?

Für eine angehende Führungskraft gibt es ein paar zusätzliche Fragen, mit deren Hilfe Sie herausfinden, ob Sie in dieser Firma zufrieden werden könnten:

- Wie ist das Zielesystem? Wie lauten die Kriterien, die über rein monetäre Zielsetzungen wie Umsatz, Rendite, Verkaufs- oder Produktionszahlen hinausgehen?
- Welches Bewertungssystem hat die Firma definiert? Nach welchen Kriterien werden Mitarbeiter bewertet?
- Was tut das Unternehmen für die Anerkennung und die Motivation der Mitarbeiter? Unbestritten ist, dass ein moti-

vierter, positiver und zufriedener Mitarbeiter deutlich produktiver und belastbarer ist als ein unzufriedener.

- Wie sieht es mit den Grundsätzen und Zielsetzungen im Sinne einer Corporate Social Responsibility aus? Gibt es einen Codex mit Zielen für Nachhaltigkeit, soziales Engagement, Gemeinschaftlichkeit, Nutzung und Schonung von Umwelt und Ressourcen?

Entscheiden Sie sich für einen Arbeitgeber, der für ein soziales und zufriedenes Umfeld sorgt. Denken Sie daran, dass Sie heutzutage als Fachkraft die Möglichkeit haben, Ihren Arbeitgeber nach Ihren Vorstellungen zu wählen. Je mehr Bewerber dies tun, desto eher werden Unternehmen, die Fachkräfte suchen, gezwungen, umzudenken!

Als Führungskraft

Fragen Sie sich:

- Kann ich meine Mitarbeiter nach dem Prinzip eines holistischen Zielsystems führen? Unsicherheit und ständiges Gemessenwerden an eindimensionalen Firmenzahlen machen den Menschen krank: Frust, Erschöpfung und steigende Zahlen von Burnout-Fällen sind die Folge.
- Wenn Sie daran interessiert sind, dass die Menschen in ihrem unmittelbaren Umfeld gesund bleiben, fragen Sie Ihre Mitarbeiter regelmäßig: „Wie geht es Dir/Ihnen?" Wenn es ihm/ihr nicht gut geht: Warum? Nur wer fragt, kann verstehen und handeln.

Sowohl Mitarbeiter als auch Führungskräfte sollten den Mut aufbringen, unbequeme Fragen zu stellen, um bewerten zu können, ob ihr künftiger Arbeitgeber einem mehrdimensionalen Zielesystem folgt oder eben nur der eindimensional monetären Maximierung. Der potentielle Arbeitgeber, der Ihnen bei einem Einstellungsgespräch gegenübersitzt, sollte Ihnen auf die vorangegangenen Fragen zufriedenstellende Antworten geben können. Darunter fallen Antworten, welche über reine Vergütungs-Modelle hinausgehen und Ihnen auch ein gutes Gefühl vermitteln: Hier werde ich ein zufriedener Mensch sein können.

Wenn wir auch die Politik dazu verpflichten könnten, die Regelwerke unseren Forderungen anzupassen und zu korrigieren, dann wäre der erste große Schritt getan. Aber dies kann derzeit nur *bottom-up* geschehen, von „unten nach oben". Darum sagen wir: „Empört euch und tut was!" Darauf zu hoffen, dass die egoistischen Eliten zur Einsicht kommen und sich selbst beschränken, wird nicht funktionieren. Die wenigen guten Charaktere haben zu wenig Einfluss, als dass sie etwas *top-down* verändern könnten. Vor allem nicht bei einer Politikerschicht, in der zu viele aus ihrer Abordnung einen lebenslangen Beruf machen und im Sattel bleiben möchten. Solche Menschen klammern sich an den Status quo, weil sie ihre Privilegien nicht mehr verlieren möchten.

Bottom-up heißt, wir müssen das selbst in die Hand nehmen und aktiv werden. Zum Beispiel durch die Unterstützung als Mitglied von Vereinen wie *Mehr Demokratie e.V.* oder *Democracy International e.V.* Diese Vereine schaffen es, immer mehr Menschen für viele wichtige Themen zu begeistern und zur Mitwirkung anzuregen. Sie erinnern die Politik immer wieder an ihre eigentlichen Verpflichtungen, die das Gemeinwohl betreffen. Doch es muss von uns aus noch mehr geschehen.

Ein vorbildliches Beispiel ist auch die vor nicht allzu langer Zeit ins Leben gerufene Bewegung *#PulseOfEurope*. Ihr kann man sich aktuell jeden Sonntag anschließen, indem man einfach am Veranstaltungsort in seiner Stadt teilnimmt. Und wenn es nur für eine Stunde ist: man hat seinen Beitrag geleistet, allein durch Anwesenheit. Die Präambel der Initiatoren ist so klar formuliert, dass wir sie gerne zitieren:

„Wir, die Initiatoren des Pulse of Europe, wollen einen Beitrag dazu leisten, dass es ein vereintes, demokratisches Europa gibt – ein Europa, in dem die Achtung der Menschwürde, die Rechtsstaatlichkeit, freiheitliches Denken und Handeln, Toleranz und Respekt selbstverständliche Grundlage des Gemeinwesens sind! ...
Jede und jeder ist für das Scheitern oder das Gelingen unserer Zukunft verantwortlich, niemand kann sich herausreden. Zu hoffen, alles werde schon gutgehen, ist zu wenig und brandgefährlich. Jetzt, nämlich vor den Wahlen, ist die Zeit, das Möglichste zu tun – mit so vielen Menschen wie möglich, an so vielen Orten wie möglich..."

Wenn wir also unsere Zukunftsvision umsetzen wollen, lasst uns Parteien wählen, die dazu bereit sind, den Volksentscheid zur Selbstregulierung einzuführen und somit den interessierten Menschen die Möglichkeit zur Beteiligung und Mitbestimmung in der Politik zu geben. Bringt Euch selbst in die Parteienlandschaft ein: versucht mitzuwirken und diese von innen heraus in die richtige Richtung umzugestalten oder gestaltet von außen mit. Jeder nach seinen Möglichkeiten.

Viele unserer Volksvertreter müssen daran erinnert werden, für wen sie ihren Job tun.

4. Sozialer Friede – eine Zukunftsvision

Wenn wir eine Zukunft des sozialen Friedens anstreben, ist es höchste Zeit, eine radikale Wende einzuleiten. Nötig ist eine Wirtschaftswende, die nur durch eine Politikwende in Europa möglich wird!

> *Warum in der Politik? Warum in der Wirtschaft? Warum in Europa?*

In der Wirtschaft deshalb, weil sie durch ihre ungezügelten, profitorientierten Ziele immer weiter von einer sozialen Marktwirtschaft abrückt und uns so in eine immer größer werdende Ungleichheit stürzt, die sowohl die Umwelt als auch die gegenseitige Wertschätzung zerstört.

In der Politik deshalb, weil sie das Regelwerk schafft, nach dem sich Mensch und Wirtschaft zu richten haben und für seine Einhaltung sorgen muss.

Und in Europa deshalb, weil nur ein vereintes Europa mit einem gemeinsamen Regelwerk stark genug ist, um den mächtigen Global Playern Paroli zu bieten.

Eine Zukunftsvision der Nachhaltigkeit

Wir möchten Ihnen als konkretes Beispiel eine Vision zum Prinzip der Nachhaltigkeit ans Herz legen. Lassen Sie sich gedanklich anregen – vielleicht auch zu einer Diskussion in ihrem Umfeld.

Nehmen wir mal an, Europa erließe ein Gesetz mit der Vorgabe zur Nachhaltigkeit - in jeder Hinsicht! Nachhaltig bedeutet, dass jeder Rohstoff umweltfreundlich abgebaut und weiterverarbeitet sein müsste und dass jede Arbeitsstunde eines Arbeiters gerecht bezahlt wird und er ebenso unter menschenwürdigen Bedingungen seiner Arbeit nachgehen kann. Egal, wo auf dieser Welt. Es geht also um nichts weniger als den Erhalt der Umwelt und der Menschenwürde.

Beginnen wir mit den Waren. Jedes in Europa verkaufte Produkt bedarf dann eines Nachhaltigkeitszertifikates. Ohne dieses darf es auf dem europäischen Markt nicht angeboten, verkauft oder auch exportiert werden. Jeder Produktionsschritt, jeder verwendete Rohstoff und jedes Zwischenprodukt bis hin zum fertigen Erzeugnis müsste auf Nachhaltigkeit zertifiziert und überprüfbar sein. Ebenso müssten jedwede Art von Dienstleistungen unter nachhaltigen Bedingungen geleistet werden. Ob in der Produktionsarbeit oder im Service.

Beispielsweise hieße das: Wenn Sie ein Smartphone in Europa kaufen, dann wissen Sie, dass Sie ein in seiner gesamten Produktionskette überprüft nachhaltiges Produkt erwerben. Ein faires Produkt. Fair zu unserem Planeten und fair zu allen Lebewesen. Ausländische, nicht europäische Produktionsfirmen von Bauteilen müssten nachweislich so produzieren, dass sie ausschließlich nachhaltig abgebaute Rohstoffe verwenden und dass die Mitarbeiter dort zu menschenwürdigen Bedingungen arbeiten und mit ihrem Gehalt ihre Familien ernähren können. Gleiches gilt natürlich für die Mitarbeiter der Rohstoffminen. Kein Mensch müsste sich ungeschützt Gefahren für seine Gesundheit aussetzen, wie wir das von Minen und Textilfärbereien kennen. Und die Abwässer dürften nicht ungeklärt und ungereinigt in Flüsse und Kanäle geleitet werden. Und abermals gleiches gilt für die Arbeits- und Umweltbedingungen der Produktionsstätten. Am Ende käme ein die Nachhaltigkeit und Menschenwürde respektierendes, zertifiziertes Produkt heraus. Der Käufer soll sicher sein dürfen, mit dem Kauf weder einem Menschen noch der Natur einer Region geschadet zu haben.

Gleiches gelte für Lebensmittelerzeugnisse. Ob Getreide, Gemüse oder fertige Lebensmittelprodukte. Alle beteiligten Erntehelfer würden fair bezahlt, erhielten menschenwürdige Arbeitsbedingungen. Mit Pestiziden und Düngemitteln müsste nachhaltig und ökologisch umgegangen werden. Überproduktionen dürfe es nicht geben. Abzuschaffen sind die Anreizsysteme Europas, die Überproduktionen geradezu provozieren, wie es aktuell mit der europäischen Milch geschieht, die in Afrika günstiger angeboten wird als die dort produzierte. Ebenso erforderlich sind Importverbote für gesteuerte Überproduktionen aus dem Ausland.

Dringend geboten ist eine natürliche, saisongerechte landwirtschaftliche Produktion. Ebenso in der Viehwirtschaft. Mit einer längst fälligen Abschaffung der Massentierhaltung, die nachweislich ein ursächlicher Faktor für den Klimawandel ist.

Wichtig für unsere digitale Zukunft wäre auch eine Nachhaltigkeitspflicht für die Computerindustrie. Es werden künftig immer mehr Maschinen, Geräte und Menschen digital miteinander verknüpft sein. Eine zuverlässige Funktionsweise dieser digitalen Infrastruktur ist überlebenswichtig. Der erste Schritt für eine nachhaltige digitale Politik wäre, ein Ministeramt für den Datenschutz zu schaffen und ihm eine angemessene Bedeutung zukommen zu lassen.

Ein kurzer Abstecher noch in die Rüstungsindustrie. Es wird immer wieder moniert, dass unsere Waffen nicht ins Ausland verkauft werden sollten und wenn doch, dann nicht an die einen,

sondern nur an die anderen. Aber: so lange unsere Rüstungsbe-
triebe dem Prinzip des Shareholder-Value unterliegen, herrscht
dort das Primat des Profits. Unserer Industrie den Auslandshandel
zu verbieten oder ihn zu limitieren, könnte zur Folge haben, dass
wir selbst bald von Produzenten zu Konsumenten würden. Das
brächte uns in neue und unflexible Abhängigkeiten anderer unge-
zügelter Mächtiger.

Eine mögliche nachhaltige Rüstungsindustrie, so widersprüchlich
das auf den ersten Eindruck klingen mag, könnte eine verstaatlich-
te europäische Waffenschmiede sein. Sie wäre nur dem Schutz der
europäischen Länder verpflichtet und stünde nicht mehr unter
dem Druck, maximale Aktionärsgewinne auf dem Weltmarkt zu
erwirtschaften. Dabei dürfen wir nicht vergessen, trotzdem Waffen
in ausreichendem Maße weiterzuentwickeln und zu produzieren,
um verteidigungstechnisch wettbewerbsfähig zu bleiben. Wir
müssen für unseren Selbstschutz und zum Schutz unserer Vision
verteidigungsbereit sein.

Und auch die Finanzmärkte müssen wir - im Sinne des sozialen
Friedens - wieder unter Kontrolle bekommen. Schon eine ge-
dämpfte Renditenbildung wäre ein zulässiges Maß für Nachhaltigkeit. Zu schnelles Wachstum, das zeigt uns die Natur, kann schnell
kollabieren (Galoppierende Inflation, Währungsreform, Zwangs-
enteignung, Neustart). Hier müssen wir wieder lernen, uns zu
zügeln und dem Turbokapitalismus Einhalt gebieten. Unternehmen sollten sich wieder mehr Zeit geben, um ihre Entscheidungen
umzusetzen und darüber zu berichten. Es wäre völlig ausreichend,
Unternehmensergebnisse jährlich zu präsentieren, wie es früher
üblich war. Management und Belegschaft könnten in Ruhe ihre
Ziele verfolgen und umsetzen ohne quartalsweise oder sogar mo-
natsweise an ihren halbfertigen Zwischenergebnissen gemessen zu
werden und unter Druck zu geraten. Dieser Schritt sollte auch das
Spekulationstreiben zeitlich entspannen. Die Finanzgeschäfte

müssen sich wieder an der Natur des menschlichen Handelns orientieren.

Um eine Vision umzusetzen, müssen wir sie, wann und wo immer es möglich ist, mit Leben erfüllen und an die nachkommenden Generationen vererben. Wir erinnern an die warnenden Worte Ronald Reagans:

> *„Freiheit ist nie mehr als eine Generation vom Untergang ent-*
> *fernt".*

Zunächst müssen wir uns selbst in Europa auf eine gemeinsame Zukunftsvision einigen, und zwar mit allen Stakeholdern! Daraufhin kann mit der Umstellung der maßgeblichen Regelwerke auf eine holistische Zielsetzung begonnen werden. Das ist Sache der Politiker. Aber wir sind diejenigen, die sie wählen. Wir müssen also künftig die Politiker unterstützen, die sich für unsere Zukunftsvision einsetzen.

Lasst uns darüber diskutieren, mit welchen Politikern und Visionen wir Europa zu einer Region des sozialen Friedens machen können. Und lasst uns diejenigen identifizieren, die unsere soziale, holistische Zielsetzung vertreten. Dann hat unsere Vision eine Chance. Und ein starkes Land wie Deutschland könnte die Vorreiterrolle übernehmen.

Wir rufen die Medien auf, diese Vision in ihren Veröffentlichungen und Diskussionen zu thematisieren. Es muss mehr Platz geschaffen werden für eine nachhaltige und sozialverträglichere Zukunft. Nur wenn diese Themen allgegenwärtig sind, werden sich auch mehr Menschen damit beschäftigen und beginnen darüber nachzudenken, sich zu interessieren und danach zu handeln.

Bottom-Up

Bottom-up („von unten nach oben") ist derzeit der einzig erfolgver-sprechende Ansatz zur Umsetzung einer Zukunftsvision, denn zum jetzigen Zeitpunkt können wir uns nicht auf unsere gewählten Repräsentanten verlassen.

Also müssen wir jetzt von unten beginnen, uns auf den Weg zu machen. Es werden Pioniere benötigt, die aus unserer Mitte kom-men, als Vorbild dienen und vorausgehend Überzeugungsarbeit leisten. Eigentlich sollte es jedem nachdenklichen Menschen leicht fallen, dies endlich ernsthaft anzupacken. Man denke nur an die aus dem Ruder gelaufene globale Finanzwelt und ihre massiven Bedrohungen für den Sozialstaat und das Solidaritätsprinzip als tragendes Fundament unserer Gesellschaft.

Wenn wir diese Situation nicht sozialverträglich bereinigen, wohin wird sich unser Lebensumfeld und das unserer Nachkommen entwickeln? Wenn wir jetzt diese negativen Entwicklungen nicht umgehend umkehren, dann werden wir ihre Auswirkungen später noch sehr viel unangenehmer zu spüren bekommen. Möglich, dass es dann für ein Gegensteuern zu spät ist! Obwohl sich jeder Sorgen und Gedanken macht, vernetzen und solidarisieren wir uns nicht so, wie es erforderlich wäre. Weil wir die uns verbleibende freie Zeit lieber für Erholung, Spaß und Ablenkung verwenden.

Warum fällt es den Menschen so schwer, sich - selbst wenn es um unser Überleben geht - global einig zu sein und ernsthaft die Dinge in Bewegung zu setzten? Nicht mit einer beschwichtigenden Halb-herzigkeit, sondern mit der Vehemenz, die notwendig ist?

Nun, in erster Linie ist hierfür unser angeborenes Verhalten verantwortlich. Menschen ziehen eine kurzfristige Belohnung einer langfristigen vor, d.h. schnelle Erfolge zu feiern ist einfach angenehmer als lange an einer Aufgabe dranzubleiben und den Erfolg abzuwarten.

Wenn z.B. ein Politiker verspricht, die Steuern zu senken, wird ihn die Mehrheit eher wählen, als wenn er sich für ein nachhaltiges, holistisches Wertesystem einsetzt. Dennoch ist zu erkennen, dass es viele kluge und zugleich selbstlose Menschen gibt, die für eine bessere Welt kämpfen und sich fürs Allgemeinwohl engagieren. Diese Initiativen werden leider nur selten von unseren Spitzenpolitikern mit der notwendigen Entschiedenheit aufgegriffen. Und weshalb? Vermutlich, weil sie bei langfristigen Zielen für sich keine Erfolgsaussichten einräumen. Sie müssen rasch realisierbare Versprechungen machen, um wieder in ihren Ämtern bestätigt zu werden.

Wenn wir uns heute die großen Entscheidungen auf dieser Welt ansehen und an den hier vorgetragenen Kriterien messen, müssen wir feststellen, dass die wenigsten Entwicklungen holistischen Zielen dienen. Und dass die derzeitigen Hauptakteure in Politik und Wirtschaft für Nachhaltigkeit und sozialen Frieden kaum Interesse zeigen.

Vielleicht wachen wir _alle_ endlich auf, wenn man uns an eine Erkenntnis von Albert Einstein erinnert:

> _„Wenn Bemühung nicht hilft und die Menschen in Selbstzerstörung enden, so wird ihnen der Kosmos keine Träne nachweinen."_